DISTINCTION

ENTRE LES DROITS RÉELS

ET

LES DROITS PERSONNELS

PAR

JEAN OLIER

DOCTEUR EN DROIT.

Extrait de la REVUE CRITIQUE DE LÉGISLATION ET DE JURISPRUDENCE.

PARIS

LIBRAIRIE COTILLON

F. PICHON, SUCCESSEUR, IMPRIMEUR-ÉDITEUR,
Libraire du Conseil d'Etat et de la Société de législation comparée,

24, RUE SOUFFLOT, 24

—

1896

DISTINCTION

ENTRE LES DROITS RÉELS

ET

LES DROITS PERSONNELS

PAR

JEAN OLIER

DOCTEUR EN DROIT.

———

Extrait de la REVUE CRITIQUE DE LÉGISLATION ET DE JURISPRUDENCE.

———

PARIS

LIBRAIRIE COTILLON

F. PICHON, SUCCESSEUR, IMPRIMEUR-ÉDITEUR,

Libraire du Conseil d'Etat et de la Société de législation comparee,

24, RUE SOUFFLOT, 24

—

1896

DISTINCTION ENTRE LES DROITS RÉELS

ET

LES DROITS PERSONNELS

Il semble que tout ait été dit sur une distinction aussi ancienne et aussi saillante qu'est celle des droits réels et des droits personnels. Elle est cependant loin d'être complètement élucidée et, comme il y a encore parfois des notions vagues chez les meilleurs interprètes, il semble, par cela même, qu'il ne soit pas inutile d'essayer d'apporter quelques précisions en la matière.

Les droits reels (1) se distinguent des droits de créance à sept points de vue principaux (2) : 1° au point de vue de la cause efficiente ; 2° des caractères généraux ; 3° des éléments constitutifs ; 4° des attributs ; 5° de la transmissibilité ; 6° de la sanction ; 7° de l'extinction.

1° *Au point de vue de leur cause efficiente.* — A. Tout fait générateur d'obligation (volonté bilatérale ou unilatérale, fait illicite, enrichissement sans cause (3), loi) n'est pas un mode d'acquisi-

---

(1) Nous ne comprenons parmi les droits réels, ni les droits familiaux, ni les droits intellectuels et nous ne raisonnerons pas sur les droits dont la nature est douteuse : droit du preneur, rétention, etc.

(2) Nous n'entendons indiquer que les différences essentielles. Voy. article 2257, Civ., etc.

(3) L'enrichissement sans cause peut donner naissance soit à l'action *de in rem verso*, soit à l'action de gestion d'affaires; il ne faut donc pas confondre l'enrichissement sans cause et la gestion d'affaires.

tion d'un droit réel (1). — Ainsi le fait illicite (delit, quasi-delit) et l'enrichissement sans cause, sources abondantes d'obligations, ne donnent, d'une manière générale, jamais naissance à un droit reel (2). Si la volonte unilatérale (legs, par ex.) peut engendrer les droits reels principaux (propriete, servitudes), elle ne peut créer les droits réels accessoires (nantissement, privilège, hypothèque). De même la loi peut bien faire acquérir la propriete, des usufruits, des hypothèques, presque tous les privilèges, dans un cas un droit de gage (art. 2082, Civ.), jamais l'antichrèse, l'usage, l'habitation (3). — Au contraire, la convention soit à titre onéreux, soit à titre gratuit, fait acquérir immédiatement tous les droits réels, à l'inverse de la législation romaine et de l'ancienne France, où, en outre de l'accord des parties, il fallait encore un mode d'acquérir, un *titulus adquirendi* (4).

B. D'autre part, tout mode d'acquérir un droit réel n'est pas susceptible d'engendrer une obligation. Par exemple : l'occupation et la tradition (5), modes spéciaux à la propriété, et la prescription acquisitive dont la portee est plus générale (6).

2° *Au point de vue des caractères généraux.* — A. Il n'y a pas des obligations, des droits personnels, mais bien une obligation, un droit personnel. Les droits de créance ont beau avoir plusieurs causes, la cause n'influe ni sur la nature, ni sur les effets, ni sur l'extinction du droit. C'est ainsi qu'entre l'obligation conventionnelle et l'obligation delictuelle, il n'est aucune différence de prin-

---

(1) Les auteurs les plus sûrs admettent, sans précision d'ailleurs, la proposition contraire à celle qui est énoncée au texte. Voy. par exemple, Vigié, *Cours de Droit civil*, t. I, n° 912, p. 522.

(2) Dans le cas d'indignité qui fait accroitre la part des autres cohéritiers, il y a une acquisition *lege;* de même dans l'hypothèse de la mort civile avant 1854.

(3) Les art. 1465 et 1470, Civ. établissent moins un droit d'usage ou d'habitation qu'un droit personnel, une créance alimentaire.

(4) Le projet de Code civil allemand admet encore la distinction entre le *titulus adquirendi* et le *titulus ad adquirendum.*

(5) Elle transporte la propriete quand la convention ayant pour objet une chose de genre n'a pu produire ce résultat.

(6) La prescription acquisitive était, dans notre ancien droit, applicable aux rentes. Pothier, *Constit. de rente,* n°ˢ 112 et 158; Merlin, *Répert.,* v° *Prescription,* sect. 3, § 2, art. 1.

cipe, des nuances de détail seulement : modes de preuve, appré-
ciation de l'étendue de l'obligation, etc. De même entre les droits
de créance principaux et les droits de créance accessoires (cau-
tionnement) (1). Tout au plus trouvera-t-on des obligations sanc-
tionnées avec plus ou moins d'energie par la loi (obligations natu-
relles). En sorte qu'on désigne suffisamment un droit personnel
en indiquant le nom du debiteur et son quantum.

L'uniformité et l'unité ne se rencontrent pas, au contraire, dans
les droits réels, profondément séparés et distincts les uns des autres. Chacun a son individualité propre. Aussi une liste des droits
réels est-elle possible et même nécessaire.

B. Tandis que la loi, par des règles d'ordre public, détermine
minutieusement les effets des droits réels, elle laisse, à l'inverse,
entière liberté aux parties de créer les obligations, d'étendre ou
de restreindre leurs effets.

C. Alors qu'on ne peut transmettre un droit réel à une personne
déterminée qu'une seule fois, on peut s'obliger plusieurs fois,
successivement, à donner, à faire ou à ne pas faire la même chose,
et ce, vis-à-vis de la même personne (2). Il n'est d'autres limites
que la prudence du créancier et la confiance que l'honnêteté et
la solvabilité du débiteur lui ont inspirée.

D. Le droit personnel a un double aspect ; envisagé activement
du côté du créancier, c'est une créance ; passivement du côté du
débiteur, c'est une dette. — Le droit réel ne saurait être conçu
qu'au seul point de vue actif (3).

3° *Au point de vue des éléments constitutifs.* — Tout droit
comprend trois éléments : un sujet actif, un sujet passif, un
objet ; nous pouvons, à l'occasion de chaque élement, relever
des différences très marquées entre le droit réel et le droit de
créance.

A. *Sujet actif.* — La différence ne porte guère ici que sur un
détail de terminologie. Celui qui est investi d'un droit réel peut
bien, d'une façon génerale, être qualifié de titulaire d'un droit

(1) Il y a cependant quelques particularités de détail au moment de la
poursuite.

(2) Paulus, 7, *Ad edictum*, Dig. XLIV, 2 ; 14, 2.

(3) Il y a peut-être une exception en matière de servitudes.

réel, mais il ne sera désigné clairement et suffisamment que si on emploie les expressions de : propriétaire, usufruitier, usager (1). Celui qui est investi d'un droit personnel est, d'une façon générale, toujours appelé créancier (2), expression qui désigne suffisamment le sujet actif de tout droit personnel.

B. *Sujet passif.* — On a coutume de dire que le droit personnel, plus compliqué que le droit réel, a seul un sujet passif, le débiteur ; que le droit réel, portant immédiatement sur la chose, *jus in re*, peut se concevoir, abstraction faite de toute personne autre que le titulaire du droit (3). — Il y a là un défaut d'observation. Il est aussi difficile de concevoir Robinson propriétaire que Robinson créancier, car il n'est pas de droit possible en dehors de la vie sociale. D'ailleurs l'homme réduit à ses seules ressources ne peut retirer de sa propriété les avantages qu'elle comporte et a nécessairement besoin de quelqu'un pour l'aider à cultiver, pour acheter les fruits qu'il a en excès, pour acquérir les objets qui ont cessé de lui plaire (4).

On ajoute que le *jus in re* est absolu, opposable à tous, à la différence du *jus in personam*, droit relatif, opposable à une seule personne connue d'avance. Et cette différence est si tranchée, dit-on, qu'on peut renoncer aux vieilles dénominations : droit réel, droit de créance, pour adopter les formes équivalentes, mais rajeunies, de droit absolu, droit relatif.

Cette manière de voir est communément reçue ; mais, comme la vérité a des droits imprescriptibles et que nous jugeons que le raisonnement pêche par un défaut d'analyse, nous essaierons de l'écarter. — Il méconnaît, en effet, une idée fondamentale à sa-

(1) Celui qui a un privilège ou une hypothèque est appelé *créancier* hypothécaire, *créancier* privilégié; ici domine l'idée de droit personnel, l'obligation absorbe le droit réel.

(2) De *creditor, cred, cord,* qui donne son cœur. J. Darmesteter, *Mém. de la Soc. de Linguistique,* III, 52. — L'expression est doublement inexacte, puisqu'il est des créances qui naissent involontairement et qu'il arrive que des créanciers manquant de confiance demandent des garanties à leurs débiteurs.

(3) Voy. notamment, Baudry-Lacantinerie, *Précis de Droit civil,* I, nᵒˢ 1201-1202.

(4) Accarias, *Précis de Droit romain,* I, nᵒ 19, 480, p. 8, notes 3 et 5.

voir que tout droit a un sujet passif. Le sujet passif du droit réel, c'est l'ensemble des personnes vivant dans l'État. L'obligation corrélative à tout droit consiste, en la matière, *ad patiendum*, c'est-à-dire en une abstention générale et collective, en une obligation de laisser le titulaire du droit retirer tout le profit qu'il peut retirer de son droit, de ne pas gêner ou troubler cet exercice (1), obligation d'ailleurs sanctionnée civilement et pénalement (2). En conclurons-nous que le droit réel est absolu? Nullement ! Il en est de même du droit personnel. En effet, si ce droit confère une obligation très importante, la plus essentielle, à la charge d'une personne déterminée tenue à un fait très précis, il confère, en tant que droit en général, la même obligation générale et collective correspondant à tout droit réel. Il est donc, en ce sens, aussi absolu que lui. La vérité est qu'il y a, en matière personnelle, deux sujets passifs : la masse tenue à un simple fait impersonnel, négatif, corrélatif de tout droit : ne pas empêcher de jouir; le débiteur tenu à un devoir personnel et positif : faire ou ne pas faire; que cette dernière obligation ait une importance capitale, nous ne le nierons pas, mais ce que nous contesterons, c'est qu'elle absorbe l'obligation générale; elle la masque simplement. La preuve est que nous en pouvons déduire des conséquences pratiques : *a)* si un tiers détruit la chose due, la créance est éteinte; mais il devra des dommages-intérêts, de même que s'il avait détruit la propriété d'autrui; *b)* même observation, en cas de destruction de l'*instrumentum* constatant la créance; *c)* si un tiers, par violence ou dol, ou se croyant à tort cessionnaire, empêchait le débiteur de se libérer entre les mains du créancier, il serait passible envers ce dernier de dommages-intérêts.

C. *Objet.* — Le droit réel porte directement, immédiatement sur la chose dans laquelle il est imprimé. Le droit de créance n'existe qu'indirectement, médiatement, et suppose une personne à laquelle le débiteur doit nécessairement s'adresser pour arriver à jouir de son droit.

(1) C'est parce que la propriété ne peut contraindre *ad faciendum*, qu'il n'y a pas de servitudes *in faciendo*.

(2) Cela est si vrai que certains sociologues demandent la suppression de la propriété comme portant atteinte au droit qu'a tout homme d'agir librement.

D'où les conséquences suivantes :

a) Le droit réel ne porte que sur des objets déterminés. La vente de dix hectares de terrain, en général, n'engendre qu'un droit de créance, la tradition individualisant l'objet transmettra seule la propriété. On dit en ce sens que la propriété a une assiette. — L'obligation peut porter sur tout objet (*species* ou *genus*) et en plus sur un fait ou une abstention.

b) En raison même de son objet, le droit réel est plus exposé aux atteintes, aux violations des particuliers que le droit de créance.

c) Le *jus in re* comporte seul la possession ou la quasi-possession (1).

4° *Au point de vue des attributs.* — A. Les attributs du droit réel sont l'*usus*, le *fructus* et l'*abusus* qui peuvent d'ailleurs appartenir soit à une même personne et former l'*optimum jus* ou proprieté, ou à des personnes différentes et constituer des servitudes. — Le droit de créance oblige le débiteur à *dare, facere, præstare;* un démembrement quelconque est ici inconcevable et ne peut que constituer une obligation nouvelle et distincte.

B. Le droit réel emporte droit de préférence en ce sens que la personne qui a créé un droit réel ne peut, d'une façon générale (2), par une nouvelle constitution de droits porter atteinte aux droits antérieurement créés. Si bien qu'entre deux acquéreurs successifs, le premier est seul propriétaire; qu'entre deux créanciers hypothécaires, on devra préférer le premier. Le droit de préférence se traduit par le brocard *prior tempore potior jure.* — Le titulaire d'un droit personnel n'a pas une semblable prérogative. Tous les créanciers d'une même personne sont indistinctement sur le même pied d'egalité, indépendamment de la date respective de leurs créances (art. 2093, Civ.). Les plus vigilants ou les plus rigoureux seront les premiers désintéressés :

____

(1) *Nec obstant* art. 1240 et 1337, alin. 2, Civ. — La possession est inapplicable à tous les droits réels, notamment à l'hypothèque. — Les jurisconsultes du moyen âge admettaient la possession des créances et des droits de famille. Cette doctrine fut abandonnée par l'Ordonnance d'avril 1667, tit. XVIII, art. 1er.

(2) Réserve faite de la loi du 23-26 mars 1855.

jura vigilantibus prosunt, telle est la règle en matière personnelle.

C. Tout droit réel emporte droit de suite, c'est-à-dire possibilité d'invoquer son droit à l'encontre de tout détenteur de la chose objet du droit (art. 2166 ; Civ.) ; principe absolu en matière immobilière, exceptionnel en matière mobilière (articles 2279, 2280, 2102, Civ.; L. 10-22 sept. 1874). — Le creancier ne peut poursuivre que le débiteur et ses représentants et leur patrimoine tel qu'il se trouve au moment des poursuites, sans pouvoir atteindre les choses qui en faisaient partie et qui auraient été valablement aliénées (art. 1167, Civ.). Les ayants-cause à titre particulier ne sont pas tenus des obligations de leur auteur.

D. Le droit réel est acquis ; le droit personnel est une espérance, un acheminement vers le droit réel, vers la propriete. Aussi a-t-il plus de valeur et peut-on dire d'une personne qui a beaucoup de droits réels qu'elle est riche ; la multiplicite des créances est loin d'être un indice de richesses (créances véreuses).

5° *Au point de vue de la transmissibilité.* — A. La question de la transmissibilité se pose différemment pour les droits réels et les creances. En matière réelle, le sujet passif, la masse, restant necessairement la même, on ne comprend qu'un changement de titulaire ; en matière personnelle, les deux sujets pouvant changer, on conçoit une transmissibilité active et une transmissibilité passive.

Si la transmissibilité du droit réel a toujours été incontestée, il n'en est pas de même de la transmissibilité de l'obligation. Primitivement le droit personnel, lien de droit entre deux personnes déterminées, était complètement intransmissible. Le créancier avait prêté à tel débiteur, ayant confiance en sa probité, en son activité, en ses aptitudes au commerce ; le debiteur avait emprunté à tel créancier ayant confiance en son humanité, sachant bien qu'il n'abuserait pas des droits redoutables qu'il avait sur sa personne en cas de retard apporté au paiement (1). Plus

(1) La loi anglaise admet encore aujourd'hui la thèse surannée de l'intransmissibilité de l'obligation.

tard, l'exécution sur la personne écartée, les droits du créancier ne portant plus que sur les biens, on en arriva à considérer la personne du créancier comme indifférente, aussi admit-on, indirectement (droit romain), puis directement (droit français), la cession de la créance. Le projet de Code civil pour l'Empire d'Allemagne, faisant un pas en avant vers le progrès, admet la transmissibilité passive. La cession de dettes est admise, non en ce sens que le debiteur puisse librement se dégager de ses obligations en les transportant à un tiers, mais en ce sens, qu'avec l'assentiment du créancier et sans novation, le tiers peut devenir débiteur de l'ancienne dette toujours persistante (1).

B. D'ailleurs, en cas de decès du titulaire, la transmission d'un droit reel ne s'opère pas de la même manière que la transmission d'un droit de créance. Le droit réel passe d'une manière indivise aux héritiers qui, étant devenus copropriétaires, devront procéder à un partage. Le droit personnel passe *pro parte divisa* aux héritiers; le partage est de plein droit (art. 1220, Civ.) (2).

6° *Au point de vue de la sanction.* — Les interprètes font remarquer d'ordinaire qu'à chaque droit correspond une action distincte, au droit réel une action réelle, au droit personnel une action personnelle, puis, qu'à la différence de l'action réelle, le sujet passif de l'action personnelle est toujours connu d'avance. On oublie souvent que tout droit, réel ou de creance, est sanctionné, non seulement par l'action réelle ou personnelle, mais encore d'autres voies de droit. C'est ainsi qu'un droit réel peut être protégé par une action réelle (revendication, action confessoire, etc.), par une action personnelle basée sur un contrat (action de dépôt, de commodat), ou sur l'art. 1382, Civ. (action en dommages-intérêts), par une action au criminel (en cas de vol par exemple); que le droit de créance peut être protégé par l'action personnelle proprement dite, contre le débiteur connu d'avance, par des actions personnelles et pénales d'origine delictuelle ou quasi-délictuelle contre un defendeur autre que le debiteur et qui n'est pas

(1) Voyez une pratique admise en matière de cession d'entreprise théâtrale, *Pandectis françaises*, v° *Acteur*, n° 618.

(2) C'est une question controversée que celle de savoir si l'art. 883, Civ., est applicable aux créances.

nécessairement connu d'avance, tel celui qui aurait détruit dolo-
sivement la chose due (1).

7° *Au point de vue de l'extinction.* — Que le droit réel soit perpé-
tuel, temporaire ou viager ; que la loi souhaite sa perpétuité ou mul-
tiplie, au contraire, ses causes d'extinction, en tout cas, cette extinction est une perte sèche, un appauvrissement pour le titulaire.
— L'extinction d'une créance est, à l'inverse, avantageuse pour
le débiteur ainsi libéré, pour le creancier ainsi satisfait. Aussi dans
la théorie de l'obligation tout tend et prepare à l'extinction, car
c'est à ce moment précis que le debiteur est delié et que le droit du
créancier réalisé se transforme de *jus ad rem* en *jus in re*. Encore
faut-il que cette extinction soit normale (paiement) et non volon-
taire (remise de dette) ou forcée (remise de dette octroyée par
l'État à certains débiteurs pour des motifs politiques (2), car, en
ces cas, il y a appauvrissement du créancier et enrichissement du
débiteur.

(1) Voy. pour la compétence, art. 59, al. 1-3 ; 64 ; 182 Pr. civ. — L. 15 août
1829, relative à la pêche fluviale, art. 59. — L. 11 avril 1838, sur les tribu-
naux civils de première instance, art. 1er. — L. 25 mai 1838, sur les justices
de paix, art. 1, 3, 5-1° et 6-2° et 3°, etc.

(2) L'État Romain imposa quelquefois des remises de dettes aux créanciers.

Paris. — Imp. F. PICHON, 282, rue Saint-Jacques, et 24, rue Soufflot.